Werkzeuge und Hilfsmittel

Für die Anfertigung der Figuren in diesem Buch benötigst du außer den auf den Modellseiten extra aufgeführten Materialien folgendes Werkzeug:

- Cutter
- Ahle oder Prickelnadel
- Vorstecher
- Schere
- Seitenschneider
- Schmuckzange
- Pinsel
- Wattestäbchen
- Textilkleber oder Kraftkleber
- Heißkleber
- Stopfnadel; Nähnadel
- Zwirn
- Schaschlikspieß, Ø 2,5–3 mm
- Zahnstocher
- evtl. Büroklammern
- Stück Styroporplatte
- Miniwäscheklammern oder Stecknadeln
- Transparentpapier
- Bleistift
- Zirkel
- evtl. Kreisschablone

Tipps und Tricks

Schneiden

Die Wattekugeln für Kopf und Körper der Amigurumi solltest du immer mit einem Cutter schneiden. Einen sauberen Schnitt erreichst du nur mit einer scharfen Klinge, aber Vorsicht, es besteht erhöhte Verletzungsgefahr! Die Einschnitte für die Augen, Ohren usw. nimmst du ebenfalls mit dem Cutter vor, hier durchtrennst du zuerst vorsichtig die erste Schicht der Wattekugel und schneidest dann langsam immer tiefer, bis die gewünschte Tiefe zum Einstecken erreicht ist. Dann kannst du je nach Bedarf die Einschnitte noch mit einem spitzen Gegenstand (Prickelnadel, Messer etc.) weiten. Für das Zuschneiden von Draht, Chenilledraht oder der Verbindungshölzchen (Schaschlikspieße) verwendest du am besten einen Seitenschneider.

Löcher einstechen

Die Löcher für die Verbindung der einzelnen Körperteile (meist Wattekugeln oder – eier) stichst du zuerst mit einer Ahle oder Prickelnadel ein, dann weitest du sie mit dem Vorstecher, bis das Hölzchen oder der Chenilledraht eingesteckt werden kann. Steche dabei aber das Loch nie auf einmal fest ein, sondern drücke die Werkzeuge drehend in die Wattekugel vor. Als Verbindungshölzchen verwendest du am besten Stücke von einem dicken Schaschlikspieß (Ø 2,5–3 mm), Dübelholz mit einem Durchmesser von 3 mm ist aber auch geeignet.

Bemalen

Günstig ist es, wenn du die Wattekugeln oder -eier vor dem Bemalen mit Gesso, einer Acrylgrundierung, streichst. Stecke die Wattekugeln vor dem Bemalen auf Schaschlikspießchen, kleinere Teile auf Zahnstocher und stecke diese zum Trocknen in ein Stück Styropor. Für das Trocknen der Marionettenfüße, -hände und der Perlen ist eine aufgebogene Büroklammer hilfreich.

Zum Bemalen der Wattekugeln eignen sich einfache Schulmalpinsel. Punkte oder andere größere Muster kannst du nach dem Trocknen sehr gut mit Wattestäbchen, kleine Punkte mit einem Holzstäbchen auftupfen.

Vorlagen

Die Vorlagen überträgst du am besten mit Transparentpapier und Bleistift. Du kannst aber auch die jeweils benötigte Vorlage kopieren und dann direkt auf den Filz oder Tonkarton übertragen. Beim Ausschneiden der Filzteile für die Augen etc. sind Miniwäscheklammern oder Stecknadeln gut dazu geeignet, die Papierschablone festzuhalten.
Wer eine Kreisschablone besitzt, benutzt diese zum Übertragen der Kreisformen.

Kleben

Verwende für die Klebearbeiten Klebstoff, der keine Fäden zieht (zum Beispiel einen Textilkleber), damit du dir die zuvor bemalte Figur nicht durch Klebereste verunstaltest.
Wenn du Filzteile (zum Beispiel die Ohren für den Hund, für die beiden Katzen oder für die Kammteile der beiden Drachen) in die Wattekugel einkleben möchtest, weite den zuvor mit einem Cutter vorgenommenen Einschnitt zunächst mit einem spitzen Messer. Gebe nun den Klebstoff in den geweiteten Einschnitt und drücke dann mithilfe einer Nadel, einem Holzstäbchen o. Ä. das entsprechende Filzteil hinein.

Tipps

Die in diesem Buch vorgestellten Modelle sind vielseitig einsetzbar. Du kannst sie als Schmuck oder Talisman in dein Regal stellen oder einem lieben Menschen damit eine Freude bereiten. Der Roboter von Seite 21 lässt sich gut als Notizenhalter verwenden, die Katzen von Seite 11 kannst du, wenn du möchtest, an deine Tasche hängen und das Mädchen mit dem Gipsbein von Seite 29 tröstet vielleicht jemanden in einer ähnlichen Situation?
Übrigens, die angegebenen Farben in den Materiallisten sind nur Anregungen, du kannst natürlich auch andere verwenden!

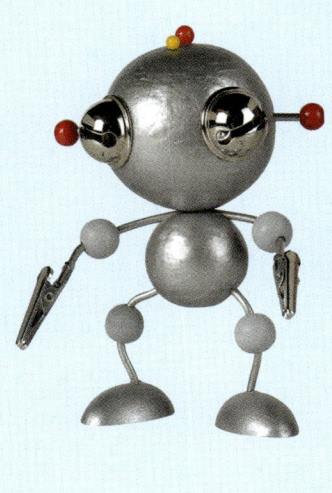

Mein Freund Bello

So geht's:

Hund

1. Schneide für die Schnauze vom Watte-Ei ca. ein Drittel von der Spitze aus schräg weg.

2. Schneide für den Kopf von der 50 mm-Wattekugel eine entsprechende Fläche weg, sodass die Schnittstelle der Schnauze bündig aufliegt. Die Schnauze soll etwas nach oben zeigen. In das Loch im Watte-Ei wird später die Tiernase geklebt. Klebe Schnauze und Kopf zusammen und bemale beides mit Bastelfarbe in Schilf.

3. Male auf die 30 mm-Wattekugel den Bauch in Wildrose, drumherum in Schilf. Bemale die Pfoten ebenfalls in Schilf und tupfe nach dem Trocknen die Fußballen in Wildrose auf.

4. Klebe Kopf und Körper zusammen. Klebe dabei als Verbindungsstück ein Hölzchen mit ein. Trage für das Fellmuster mit dem Wattestäbchen Punkte in Flieder auf.

5. Drehe zwei Chenilledrähte in Flieder zusammen und schneide davon für die Hinterbeine je 3 cm und für die Vorderbeine je 3,5 cm zu. Klebe die Drähte jeweils in die Hinter- und Vorderpfoten ein. Steche unten in den Körper Löcher ein und klebe die Hinterbeine ein. Steche seitlich in den Körper jeweils Löcher ein und fixiere dort die Vorderbeine.

6. Ziehe in die Knöpfe schwarze Wollfäden ein und verknote sie auf der Rückseite. Bringe die Knöpfe als Augen auf.

7. Übertrage die Ohren von der Vorlage auf Papier und schneide sie aus. Lege diese Schablone auf den Filz und schneide sie rundherum aus. Nehme mit dem Cutter oben im Kopf kleine Einschnitte vor und klebe dort die Ohren ein.

8. Bringe einen 10 cm langen Chenilledraht als Schwanz an.

Knochen

1. Schneide von den vier Wattekugeln jeweils eine kleine Scheibe ab. Schneide ein 5 cm langes Hölzchen mit einem Durchmesser von ca. 8 mm zu. Klebe alle Teile mit Heißkleber zusammen.

2. Schaffe mit lufthärtender Modelliermasse glatte Übergänge und bemale den Knochen zum Schluss weiß (siehe Foto).

Das brauchst du:

Hund
- 1 Watte-Ei, 39 x 48 mm
- 1 Wattekugel, Ø 50 mm
- 1 Wattekugel, Ø 30 mm
- 2 Marionettenfüße, 20 x 25 mm
- 2 Marionettenfüße, 40 x 28 mm
- 1 Tiernase, Ø 20 mm
- Bastelfilz in Hellgrün und Flieder
- 2 Knöpfe in Blau, Ø 25 mm
- Chenilledraht in Flieder
- Bastelfarbe in Schilf, Flieder, Wildrose, Weiß

Knochen
- 4 Wattekugeln, Ø 20 mm
- Hölzchen, 5 cm lang, Ø 8 mm
- lufthärtende Modelliermasse

Vorlage 1, Seite 30

Teenager-Mädchen

So geht's:

Kopf/Augen

1. Zeichne auf eine der 50-mm-Wattekugeln die Augen auf (siehe Vorlage 2a) und male sie aus. Male den Lidschatten in Karibik, die Wimpern in Schwarz auf. Bemale nach dem Trocknen den Rest des Kopfes in Wildrose.

Körper/Rock

1. Schneide von der 30-mm-Wattekugel eine schmale Scheibe ab. Das übrig bleibende Teil ist der Oberkörper. Schneide nun von der 50-mm-Wattekugel für den Übergang zum Oberkörper eine Scheibe mit dem gleichen Durchmesser, dann von dieser Stelle aus eine 1, 2 cm dicke Scheibe ab – das wird der Rock.

2. Klebe den Oberkörper und den Rock zusammen.

Bemalen

1. Bemale den Oberkörper zuerst in Wildrose, gestalte nach dem Trocknen das Top in Orange.

2. Bemale den Rock zarttürkis und tupfe nach dem Trocknen mit einem Stäbchen Blümchen in Reseda und Pink auf.

3. Gestalte die Marionettenhände und -füße in Wildrose und male die Schuhe nach dem Trocknen in Metallic-Grün auf.

Fertigstellen

1. Drehe für die Arme und Beine je zwei Chenilledrähte in Blassrosa zusammen. Klebe die Drähte in Hände und Füße ein und lasse jeweils ca. 3,5 cm überstehen.

2. Steche die Löcher für Arme und Beine in Körper und Rock ein. Klebe Arme und Beine ein und forme die Arme (siehe Foto).

3. Klebe die Märchenwolle in Maisgelb als Haare auf den Hinterkopf und binde sie seitlich ab. Bringe das Satinband in Pink als Schleife an.

4. Fädele Rocailles in Hellblau und Rosa auf einen Nähfaden auf und binde ihn als Halskette um.

5. Klebe je ein Stück Textilfilz in den Maßen 8 x 18 mm in Grau und Schwarz zusammen und klebe es als Handy an die Handfläche.

6. Fertige aus Textilfilz in Pink, Bastelfilz in Flieder und einem Stück hellblauen Satinband als Trageriemen eine Handtasche (siehe Vorlage 2b). Klebe noch einen kleinen Knopf an.

Das brauchst du:

- *2 Wattekugeln, Ø 50 mm*
- *1 Wattekugel, Ø 30 mm*
- *2 Marionettenhände, 10 x 18 mm*
- *2 Marionettenfüße, 32 x 24 mm*
- *Chenilledraht in Blassrosa*
- *Märchenwolle in Maisgelb*
- *Textilfilz in Pink, Grau, Schwarz, 4 mm dick*
- *Bastelfilz in Flieder*
- *1 kleiner Knopf*
- *Satinband in Hellblau und Pink, 3 mm breit*
- *Rocailles in Hellblau und Rosa*
- *Faden*
- *Bastelfarbe in Wildrose, Weiß, Blaugrün, Gelbgrün, Schwarz, Karibik, Orange, Zarttürkis, Reseda, Pink, Metallic-Grün*

Vorlagen 2 a und b, Seite 30

Hallo, liebe Freunde!

Kennt ihr Manga-Comics? In diesen Comics sind wir, die Ami-gurumi, die Freunde der Helden. Wenn ihr möchtet, können wir aber auch bald eure Freunde und Begleiter sein! Besorgt euch einfach das benötigte Material zum Basteln und schon kann es losgehen! Mithilfe der Anleitungen in diesem Buch und den Vor-lagen zum Übertragen habt ihr uns ganz schnell nachgebastelt. Wir können dann als Talisman auf eurem Schreibtisch oder Regal stehen oder an eurem Rucksack hängen und euch Tag und Nacht beschützen! Natürlich eignen sich die witzigen Figuren, ob nun Drache, Elch, Schmetterling oder Fee, auch sehr gut als Geschenk für eure Freunde, zum Beispiel als Glücksbringer oder Trostspender!

Ihr

Werner Schultze

Inhalt

Freche Katzen

So geht's:

Leo

1. Bemale die 50-mm-Wattekugel als Kopf und die fünf Holzkugeln in Mango. Bemale für den Körper die 30-mm-Wattekugel; zuerst den Bauch in Zartrosa, den Rest in Mango.

2. Fixiere Kopf und Körper, klebe dabei das Hölzchen mit in die Wattekugellöcher ein.

3. Schneide für die Augen zwei Bastelfilzkreise mit einem Durchmesser von 20 mm in Türkis aus, versehe sie mittig mit einer Aussparung und klebe sie auf den Kopf. Schneide mit dem Cutter in den Kopf ein und fixiere die Katzenaugen.

4. Schneide die Ohrteile aus gelbem und rosafarbenem Bastelfilz aus (siehe Vorlage 3a) und klebe sie zusammen.

5. Klebe die weißen Fertigpompons als Bäckchen, den schwarzen Pompon als Nase auf.

6. Tupfe für das Fell mit einem Wattestäbchen zuerst Flecken in Gelbocker auf, danach kleinere Tupfer in Braun.

7. Schneide für die Ohren mit dem Cutter zweimal ca. 1 cm in den Kopf ein, weite den Einschnitt etwas und klebe die Ohren ein.

8. Flechte für Arme, Beine und Schwanz je sechs Wollfäden (je zwei Fäden in Braun und zwei Gelbtönen) zu je einem Strang.

9. Binde für den Arm ca. 10 cm beidseitig mit Zwirn ab, für die Beine ca. 4 cm und schneide für den Schwanz ca. 10 cm plus Quaste zu. Klebe den Arm in die Holzkugeln, diesen dann im Nacken von Leo an. Klebe die Beine in die Holzkugeln, dann in den Körper, steche zuvor mit dem Vorstecher jeweils ein Loch ein. Fädele die kleinere Kugel auf den Schwanz, klebe sie fest und den Schwanz ein.

Bluecat

Fertige die blaue Katze wie Leo – nur die Form der Ohren (Vorlage 3b) und die verwendeten Farben unterscheiden sie von ihm.

Das brauchst du:

Für beide Modelle
- je 1 Wattekugel, Ø 50 mm
- je 1 Wattekugel, Ø 30 mm
- je 4 Holzkugeln, Ø 20 mm, halbgebohrt
- je 1 Holzkugel, Ø 15 mm, durchbohrt
- je 2 Katzenaugen, Ø 16 mm
- je 1 Holzstäbchen, ca. 3 cm lang
- je 1 Fertigpompon in Schwarz, Ø 10 mm

Leo
- 2 Fertigpompons in Weiß, Ø 15 mm
- Bastelfilz in Türkis, Rosa, Gelb
- Wollfäden in Braun und zwei Gelbtönen
- Bastelfarbe in Mango, Gelbocker, Zartrosa, Braun

Bluecat
- 2 Fertigpompons in Weiß, Ø 10 mm
- Bastelfilz in Gelb, Mittelblau, Rosa
- Wollfäden in 3 Blautönen
- Bastelfarbe in Zartblau, Weiß, Azurblau

Vorlagen 3 a und b, Seite 30

Bunter Schmetterling

So geht's:

Kopf/Körper

1. Bemale die 50-mm-Wattekugel für den Kopf in Karibik, die 30-mm-Wattekugel für den Körper mit Streifen in Karibik und Reseda.

2. Befestige Kopf und Körper, klebe dabei das Hölzchen als Verbindungsstück mit ein.

3. Schneide zwei Textilfilzkreise mit einem Durchmesser von 30 mm in Zitronengelb zu und fixiere sie auf dem Kopf. Knipse von den Glasaugen die Öse ab und klebe die Glasaugen auf die Filzkreise.

Flügel

1. Übertrage die Flügel von der Vorlage auf Papier. Schneide den pinkfarbenen Textilfilz zunächst grob zu, fixiere die Papierschablone mit Miniwäscheklammern darauf und schneide dann um die Schablone herum den Flügel exakt aus.

2. Schneide je zwei 30-mm-Bastelfilzkreise aus Türkis und Hellgrün und zwei weitere 20-mm-Bastelfilzkreise in Mais zu und klebe sie auf die Flügel (siehe Foto). Fixiere die verschiedenfarbigen Knöpfe darauf und nähe sie zusätzlich noch mithilfe eines Wollfadens an.

Fertigstellen

1. Lege das Scoubidouband jeweils an einem Ende doppelt und klebe es in die zwei für die Fühlerenden in Mango bemalten und die vier für Arme und Beine in Pink bemalten Holzperlen ein. Lasse bei den Fühlern das Band noch ca. 7 cm, bei Armen und Beinen noch ca. 4 cm herausschauen. Stecke Blumendraht in das Scoubidouband ein, damit die Fühler und Beine formbar werden.

2. Steche mit der Prickelnadel in den Kopf und klebe dort die Fühler ein. Steche möglichst oben in die Körperkugel und fixiere dort die Arme. Steche unten in den Körper ein und bringe die Beine an.

3. Klebe die Figur mittig auf das Flügelteil.

Das brauchst du:

- *1 Wattekugel, Ø 50 mm*
- *1 Wattekugel, Ø 30 mm*
- *Textilfilz in Pink und Zitronengelb*
- *Bastelfilz in Türkis, Hellgrün, Mais*
- *2 bunte Knöpfe, Ø 23 mm*
- *2 Knöpfe in Violett, Ø 18 mm*
- *2 Glastieraugen in Topas, Ø 20 mm*
- *6 Holzkugeln, Ø 12 mm*
- *Scoubidouband in Flieder*
- *Blumendraht*
- *Hölzchen, ca. 3 cm lang*
- *Bastelfarbe in Karibik, Reseda, Mango, Pink*

Vorlage 4, Seite 30

Poppiger Elch

So geht's:

Augen/Kopf

1. Schneide für die Augäpfel von den zwei 25-mm-Wattekugeln mit dem Cutter jeweils etwas mehr als die Hälfte ab, verwende jeweils die Hälfte mit dem Loch darin.

2. Positioniere sie auf dem Kopf (50-mm-Wattekugel), schneide mit dem Cutter eventuell noch etwas ab, damit die Augen gut aufliegen. Klebe anschließend die Augäpfel auf den Kopf.

3. Klebe nun Kopf und Schnauze (40-mm-Wattekugel) zusammen, verwende dazu als Verbindungsstück zwischen Kopf und Schnauze ein Hölzchen. Steche mit dem Vorstecher in den Kopf ein und drücke die Klebestellen an beiden Seiten etwas flach.

Bemalen

1. Bemale für den Körper (35-mm-Wattekugel) zunächst den Bauch in Pink, den restlichen Körper in Lavendel.

2. Bemale den Kopf zuerst in Lavendel, mische dann zu Lavendel etwas Violett und bemale die Augäpfel und die Schnauze damit.

3. Mische zu dieser Farbe noch etwas Violett und bemale die vier Hufe (Marionettenfüße in zwei unterschiedlichen Größen).

Fertigstellen

1. Klebe Kopf und Körper zusammen, klebe auch hier ein Hölzchen als Verbindungsstück mit ein.

2. Drehe die Chenilledrähte zusammen. Schneide für die Hinterbeine 4,5–5 cm, für die Vorderbeine (zusammenhängend) 12 cm zu und klebe sie jeweils in die Hufe.

3. Steche unten in den Körper Löcher ein und fixiere die Hinterbeine. Gebe etwas Klebstoff in den Nacken des Elchs und klebe die Vorderbeine an.

4. Klebe die Glastieraugen und die Knöpfe als Nasenlöcher bzw. Augen auf Kopf und Schnauze.

5. Übertrage für das Geweih die Vorlage auf Papier, schneide es aus, lege das Papier auf den Filz, fixiere ihn mit kleinen Klämmerchen und schneide ihn rundherum aus. Führe mit dem Cutter im Kopf zwei ca. 1 cm lange Einschnitte durch, weite sie etwas, gebe wenig Klebstoff hinein und stecke die Geweihe ein.

Das brauchst du:

- *1 Wattekugel, Ø 50 mm*
- *1 Wattekugel, Ø 40 mm*
- *2 Wattekugeln, Ø 25 mm*
- *1 Wattekugel, Ø 35 mm*
- *2 Marionettenfüße, 20 x 25 mm*
- *2 Marionettenfüße, 40 x 28 mm*
- *Chenilledraht in Flieder und Fuchsia*
- *2 Glastieraugen in Topas, Ø 18 mm*
- *2 Knöpfe in Dunkelviolett, Ø 12 mm*
- *Textilfilz in Pink und Flieder*
- *2 Hölzchen, ca. 3 cm lang*
- *Bastelfarbe in Lavendel, Violett dunkel, Pink*

Vorlage 5, Seite 30

Abrakadabra!

So geht's:

Zauberer

1. Bemale Kopf und Hände in Sand, den Körper dunkelblau, die Füße schwarz. Klebe Kopf und Körper zusammen. Drehe die Chenilledrähte zusammen, schneide für die Beine 3 cm, für die Arme 3,5–4 cm zu und klebe sie in Hände und Füße ein.

2. Steche Löcher in den Körper und klebe Arme und Beine ein. Steche Löcher in den Kopf und klebe die Glasaugen ein.

3. Schneide von einem Wollstrang ein Stück ab, zupfe es auseinander und klebe es als Haare auf. Binde für den Bart ein kleines Stück ab, zupfe für den Schnurrbart etwas Wolle aus dem Strang heraus und binde ihn mittig ab. Fixiere ihn mit Haarspray und forme ihn. Klebe die Bärte auf.

4. Schneide die Hutteile (siehe Vorlagen) aus Filz aus, schneide den Kreis sternförmig ein. Klebe das andere Teil zu einem Spitzkegel zusammen, klebe dann die Laschen des Kreises in den Kegel ein. Klebe den Hut auf die Haare. Schneide für den Umhang einen Halbkreis (Radius = 10 cm) aus. Fixiere das Papier mit Nadeln auf dem Stoff und schneide ihn rundherum aus. Klebe die Ecken mittig zu einem Viertelkreis zusammen. Knicke die Spitze um und klebe den Umhang hinten an den Körper. Schneide ein Stöckchen als Zauberstab zu und fixiere es in einer Hand.

Fee

1. Bemale Kopf und Hände in Pfirsich, den Körper in Metallic-Rosa, die Füße in Metallic-Violett. Klebe Kopf und Körper zusammen.

2. Drehe die Chenilledrähte zusammen, schneide für die Beine 3 cm, für die Arme 3,5–4 cm zu. Klebe die Arme in die Hände, die Beine in die Füße. Steche Löcher in den Körper, fixiere Arme und Beine.

3. Schneide die Bastelfilzkreise zu, schneide sie mittig ein und stecke die Ösen der Glasaugen durch. Nehme kleine Einschnitte in den Kopf vor und klebe die Ösen der Glasaugen darin fest.

4. Wickle die Wolle ca. 60-mal um vier gespreizte Finger. Binde die gewickelten Schlaufen zusammen, schneide sie auf und klebe sie als Haare auf den Kopf. Klebe den Glasstein auf das Satinband, dann auf die Stirn. Führe die Bandenden nach hinten zusammen und stecke sie mit der Pinnnadel am Kopf fest.

5. Schneide einen Halbkreis (Radius = 7 cm) aus Dekostoff aus (siehe Zauberer). Schlage die Ecken mittig zusammen und klebe sie fest. Schlage die Spitze ein und klebe sie fest. Bringe den Umhang an. Bemale den Schaschlikspieß ultramarinblau. Stecke die Glasperlen auf, klebe ein Stück Perlmutt auf und fixiere den Spieß in einer Hand.

Das brauchst du:

Für beide Modelle
- je 1 Wattekugel, Ø 30 und 50 mm
- 2 Marionettenfüße, 32 x 24 mm
- 2 Marionettenhände, 10 x 18 mm
- Hölzchen, 3 cm lang

Zauberer
- 2 Glastieraugen in Topas, Ø 20 mm
- Bastelfilz in Schwarz
- Chenilledraht in Flieder und Dunkelblau
- Wolle in Weiß; Stöckchen, 14 cm lang
- Dekostoff, dunkelblau mit Motiven in Gold
- Bastelfarbe in Sand, Dunkelblau, Schwarz

Fee
- 2 Glastieraugen in Hellblau, Ø 14 mm
- 2 Bastelfilzkreise in Flieder, Ø 20 mm
- Chenilledraht in Pink, Fuchsia
- 1 Dekoglasstein in Blau, Ø ca. 16 mm
- Satinband in Blau, 3 mm breit
- 1 kleine Pinnnadel, gelber Kopf
- Dekostoff, grün, metallisch glänzend
- feine Wolle in Gelb
- Schaschlikspieß, 14 cm lang
- 2 Glasperlen; Perlmutt-Schmuckteil
- Bastelfarbe in Pfirsich, Metallic-Rosa, Metallic-Violett, Ultramarinblau dunkel

Vorlagen 6 a und b, Seite 31

Froggy, der Frosch

So geht's:

Kopf/Körper

1. Bemale die Wattekugel als Körper für den Frosch in Reseda.

2. Steche in den Tennisball mit dem Vorstecher ein Loch ein. Klebe beide Teile mithilfe des Hölzchens zusammen.

3. Nähe die Knöpfe auf die Fertigpompons und klebe sie als Augen mit Augäpfeln auf den Kopf.

Gliedmaßen

1. Halbiere mit dem Cutter beide Watte-Eier und bemale sie hellgrün.

2. Drehe den Chenilledraht in Hellgrün und Neongrün zusammen.

3. Schneide für die Vorderbeine je 4 cm und für die Hinterbeine je 10 cm davon zu.

4. Steche Löcher in Körper und Füße und klebe die Beine ein.

5. Schneide aus Chenilledraht in Hellgrün die Zehen zu: für die Vorderfüße außen je 4 cm, Mittelzeh 5 cm, für die Hinterfüße außen je 5 cm, Mittelzeh 6 cm.

6. Fixiere sie anschließend unter den Füßen und klebe zum Schluss noch die zwölf Holzperlen auf.

Das brauchst du:

- *1 Tennisball*
- *1 Wattekugel, Ø 40 mm*
- *1 Watte-Ei, 30 x 38 mm*
- *1 Watte-Ei, 24 x 30 mm*
- *2 Fertigpompons in Grün, Ø 25 mm*
- *2 Knöpfe in Grün, Ø 20 mm,*
- *2 Knöpfe in Schwarz-blau, Ø 15 mm*
- *Chenilledraht in Mittel-, Hell- und Neongrün*
- *12 Holzkugeln in Dunkelgrün, Ø 8 mm*
- *Hölzchen, ca. 3 cm lang*

Tipps:

Du kannst statt des Tennisballs auch eine große Wattekugel, die du grün bemalst, als Froschkopf verwenden.

Du kannst den Frosch aber auch in einer anderen Farbe gestalten.

Roboter

So geht's:

Kopf

1. Zeichne auf die 50-mm-Wattekugel mit einer Kreisschablone zwei 20-mm-Kreise für die Augen auf. Schneide mit einem Cutter die Kreise vorsichtig ein. Schaffe nach und nach eine Vertiefung, bis die Metallglöckchen hineinpassen. Drücke das Watteinnere dabei eventuell etwas zusammen.

2. Knipse die Ösen von den Glöckchen ab. Steche für die Antennenohren zwei Löcher ein.

Körper

1. Schneide neben dem Loch in der Wattekugel eine kleine Kerbe für den Arm ein, damit Kopf und Körper bündig aufeinander liegen.

2. Steche unten am Körper Löcher für die Beine ein.

3. Male Kopf, Körper und Füße silberfarben an.

4. Klebe die Metallglöckchen als Augen in den Kopf ein.

5. Presse je 2 cm Aludraht in je eine rote Holzperle und klebe beide Drähte als Antennenohren jeweils seitlich in den Kopf.

Fertigstellen

1. Fixiere Kopf und Körper, klebe dabei das Verbindungshölzchen sowie den Arm in der Kerbe zwischen Kopf und Körper mit ein.

2. Klebe die Beine mit Heißkleber (da die Bohrung größer ist als der Draht) in die Füße ein.

3. Ziehe je eine graue Holzperle auf ca. 5 cm Aludraht auf, forme die Beine und klebe sie in den Körper ein (vorher Löcher mit dem Vorstecher einstechen). Stecke die anderen beiden grauen Holzperlen als Arm (zusammenhängend) auf ca. 11 cm Aludraht, forme ihn und presse die Krokodilklammern als Hände, eventuell mit etwas Klebstoff, darauf.

4. Fixiere die beiden Pinnnadeln oben im Kopf (siehe Foto).

Das brauchst du:

- *1 Wattekugel, Ø 50 mm*
- *1 Wattekugel, Ø 30 mm*
- *2 Metallglöckchen, Platin, kugelförmig, Ø 19 mm*
- *2 Krokodilklammern, 35 mm lang*
- *1 Pinnnadel in Gelb, kleiner Kopf*
- *1 Pinnnadel in Rot, großer Kopf*
- *4 Holzperlen in Grau, Ø 12 mm*
- *2 Holzperlen in Rot, Ø 7 mm*
- *2 Marionettenfüße, 32 x 24 mm*
- *Aludraht, Ø 2 mm*
- *Bastelfarbe in Metallic-Silber*

Drachenduo

So geht's:

Grüner Drache

1. Halbiere für die Nüstern die beiden 15-mm-Wattekugeln und klebe sie auf die 40-mm-Wattekugel als Schnauze. Begradige die Klebestelle beidseitig zwischen Schnauze und Kopf etwas. Klebe Schnauze und Kopf (50-mm-Wattekugel) mithilfe des Hölzchens zusammen.

2. Schneide vom Kopf unten und vom Watte-Ei (Körper) eine kleine Scheibe ab. Begradige die Klebestellen zwischen Kopf und Körper (schräg zur Achse). Steche für das Verbindungshölzchen ein Loch in den Kopf.

3. Bemale Kopf, Körper und Füße in Smaragd, mische dann mit verdünnter Farbe in Smaragd mit Blaugrün und Türkisblau und tupfe mit einem Wattestäbchen „Schuppen" auf (zuerst helle, dann dunklere Tupfen). Klebe nach dem Trocknen Kopf und Körper zusammen.

4. Knote Wollfäden in die Knöpfe ein und klebe die Knöpfe als Augen auf den Kopf.

5. Schneide die Kammteile (siehe Vorlage 7a) aus Bastelfilz aus, die kleine und mittlere Größe je fünfmal, das große Teil einmal. Schneide mit dem Cutter die entsprechenden Stellen am Kopf und Körper ein und klebe die Teile ein.

6. Drehe für den Schwanz je 25 cm Chenilledraht zusammen, klebe dabei die Kammteile mit ein.

7. Drehe für die Beine die Chenilledrähte zusammen und schneide je Bein 4 cm zu. Fixiere die Beine in den Füßen. Steche Löcher für Beine und Schwanz in den Körper, klebe sie ein.

Rosafarbener Drache

1. Fertige den Kopf wie unter Punkt 1 beim grünen Drachen beschrieben, flache Kopf und Körper jedoch unten nicht ab.

2. Spachtele mit lufttrocknender Modelliermasse das Loch im Watte-Ei zu, da der Kopf versetzt zum Loch im Watte-Ei aufgeklebt wird (siehe Foto). Steche dann neue Löcher ein.

3. Male den Bauch in Mango auf, den restlichen Körper in Zartrosa. Bemale den Kopf zartrosa, die Füße lachsrosa. Tupfe auf Kopf, Körper und Füße mit einem Wattestäbchen Punkte auf – zuerst in Pink, mische dann Lavendel zu, verwende dann eine Mischung aus Lavendel und Violett dunkel.

4. Drehe die Chenilledrähte zusammen und schneide für die Vorderbeine 4,5 cm, für die Hinterbeine 6 cm zu.

5. Schneide die Bastelfilzkreise mittig ein und stecke die Stifte der Katzenaugen durch. Schneide oder steche Löcher in den Kopf ein und fixiere die Augen. Schneide die Ohren zu (Vorlage 7b), schneide Schlitze in den Kopf und klebe die Ohren ein.

6. Stelle die Kammteile in Flieder und Pink und den Schwanz wie unter Punkt 5 und 6 beim grünen Drachen beschrieben her.

Das brauchst du:

Für beide Modelle
- *1 Wattekugel, Ø 50 mm*
- *1 Wattekugel, Ø 40 mm*
- *2 Wattekugeln, Ø 15 mm*
- *1 Watte-Ei, 45 x 60 mm*
- *4 Marionettenfüße, 32 x 24 mm*
- *2 Hölzchen, je ca. 3 cm lang*

Grüner Drache
- *2 Knöpfe in Orange, Ø 22 mm*
- *Chenilledraht in Mittelblau, Lila*
- *Bastelfilz in Flieder*
- *Bastelfarbe in Smaragd, Türkisblau dunkel, Blaugrün, Pink (Nasenlöcher)*

Rosafarbener Drache
- *2 Katzenaugen, Ø 16 mm*
- *2 Bastelfilzkreise in Zitronengelb, Ø 20 mm*
- *Bastelfilz in Flieder, Pink*
- *Chenilledraht in Lila, Pink*
- *Bastelfarbe in Zartrosa, Lachsrosa, Pink, Lavendel, Violett dunkel, Purpurrosa*

Vorlagen 7 a und b, Seite 31

Inline-Skater

So geht's:

1. Teile die 50-mm-Wattekugel für den Kopf so (leicht schräg nach hinten), dass daraus das Gesicht und die Baseballkappe hergestellt werden kann.

2. Bemale das Gesicht in Hautfarbe, die Kappe in Ultramarinblau, den Körper in Mittelgelb und Azurblau.

3. Klebe mit Heißkleber die Holzlinsen unter die Füße, setze dabei zuerst die Linsen mit einem kleinen Tropfen Kleber auf, trage dann beidseitig daneben einen Klebestrang auf. Bemale die Füße in Violett dunkel und die Hände in Hautfarbe.

4. Schneide den Schirm der Baseballkappe (siehe Vorlage 9; auf dem Foto nicht zu sehen) aus Tonkarton aus und klebe ihn unter die Kappe.

5. Wickle die Wolle ca. 40-mal um vier Finger, binde sie ab und schneide die Schlaufen auf. Ordne die Wollfäden gleichmäßig an und klebe sie als Haare auf den Kopf, klebe darauf die Kappe. Schneide die Haare noch in Form.

6. Knote Wollfäden in die Knöpfe. Fixiere die Knöpfe als Augen auf dem Kopf. Klebe mithilfe des Hölzchens Kopf und Körper zusammen.

7. Drehe die Chenilledrähte zusammen. Schneide für die Beine je 4 cm und für die Arme je 4,5 cm zu. Klebe die Arme und Beine in Hände und Füße ein. Steche Löcher in den Körper und klebe die Arme und Beine ein.

8. Schneide vom Moosgummischlauch vier Stücke von ca. 1 cm leicht schräg zu. Schneide die Stücke auf und klebe sie als Knie- und Ellenbogenschoner auf.

Das brauchst du:

- *1 Wattekugel, Ø 50 mm*
- *1 Wattekugel, Ø 30 mm*
- *2 Marionettenfüße, 40 x 28 mm*
- *2 Marionettenhände, 10 x 18 mm*
- *6 Holzlinsen in Rottönen, Ø 14 mm*
- *Tonkarton in Blau*
- *dünne Wolle in Orange*
- *2 Knöpfe in Blau, Ø 20 mm*
- *Chenilledraht in Dunkelblau, Mais*
- *Moosgummischlauch in Schwarz, Ø 8 mm, ca. 4 cm lang*
- *1 Hölzchen, ca. 3 cm lang*
- *Bastelfarbe in Ultramarinblau dunkel, Hautfarbe, Mittelgelb, Azurblau, Violett dunkel*

Tipp:

Du kannst den Inline-Skater an einem Faden am Regal oder an deiner Sporttasche aufhängen.

Vorlage 8, Seite 31

Im Insektenland

So geht's:

Käfer

1. Halbiere für die Flügel das Watte-Ei mit dem Cutter längs. Bemale den Kopf in Lavendel, den Körper in Lachsrot, die Flügel in Mango. Male Blümchen auf die Flügel.

2. Klebe mithilfe des Hölzchens Kopf und Körper zusammen.

3. Steche in den Körper unten sechs Löcher für die Beine vor. Verknote das Scoubidouband und schneide es 3 cm nach dem Knoten ab. Stecke Blumendraht in das Band ein, damit die Beine formbar werden. Fädele jeweils eine Holzperle auf und fixiere sie mit etwas Klebstoff oberhalb des Knotens. Klebe dann die Beine ein.

4. Schneide zwei Filzkreise aus, versehe sie mittig mit einem Einschnitt und stecke die Glasaugenöse durch. Schneide in den Kopf zwei kleine Einschnitte und klebe darin die Ösen ein.

5. Fertige aus dem rosafarbenen Aludraht die Fühler an, biege je ein Ende zu einer Öse, ziehe je eine Holzperle auf und fixiere sie mit etwas Kleber. Steche zwei Löcher in den Kopf und klebe die Fühler ein. Klebe die Flügel hinten an den Körper.

Ameise

1. Steche in das größere Watte-Ei für den Kopf ca. 1,5 cm unter dem Loch ein neues Loch ein. Verbinde das Hinter- und das Mittelteil durch Holzstäbchen miteinander. Steche im Mittelteil ein neues Loch für die Verbindung zum Kopf ein und steche unten dreimal durch. Zuerst mit Nadel oder Ahle, dann mit dem Vorstecher, solange, bis du den 2-mm-Aludraht durchstecken kannst.

2. Schneide drei Stücke Aludraht à 12,5 cm für die Beine zu.

3. Bemale die Einzelteile unmontiert – den Kopf in Pink, das Mittelteil in Purpurrosa, das Hinterteil in Violett rötlich, die sechs Füße in Metallic-Rosa.

4. Klebe die Körperteile mit Hilfe der Holzstäbchen zusammen. Stecke die Aludrähte unten durch das Mittelteil und forme sie mithilfe einer Schmuckzange (siehe Foto). Klebe die Füße ein.

5. Schneide die zwei Bastelfilzkreise aus, schneide sie mittig ein und stecke die Ösen der Glasaugen durch. Nehme im Kopf kleine Einschnitte vor und klebe die Ösen darin fest.

6. Schneide für die Fühler zwei Stücke vom rosafarbenen Aludraht auf eine Länge von 8 cm zu. Forme jeweils ein Ende mit einer Schmuckzange zu einer kleinen Öse, fädele die Holzperlen auf und fixiere sie mit etwas Klebstoff. Stecke die Drähte in den Kopf und klebe sie ein.

Das brauchst du:

Käfer

- *1 Wattekugel, Ø 50 mm*
- *1 Wattekugel, Ø 30 mm*
- *1 Watte-Ei, 30 x 38 mm*
- *6 Holzperlen in Rottönen, Ø 8 mm*
- *Scoubidouband in Pink*
- *Blumendraht*
- *2 Glastieraugen in Topas, Ø 20 mm*
- *2 Bastelfilzkreise in Dottergelb, Ø 25 mm*
- *Aludraht in Rosa, Ø 1 mm*
- *2 Holzperlen in Gelb, Ø 8 mm*
- *Hölzchen, ca. 3 cm lang*
- *Bastelfarbe in Lavendel, Lachsrot, Mango und nach Wahl für die Blümchen*

Ameise

- *1 Watte-Ei, 39 x 48 mm*
- *1 Wattekugel, Ø 30 mm*
- *1 Watte-Ei, 30 x 38 mm*
- *Aludraht, Ø 2 mm*
- *6 Marionettenfüße, 20 x 25 mm*
- *2 Bastelfilzkreise in Hellviolett, Ø 20 mm*
- *2 Glastieraugen in Hellblau, Ø 14 mm*
- *Aludraht in Rosa, Ø 1 mm*
- *2 Holzperlen in Magenta, Ø 8 mm*
- *2 Holzstäbchen, ca. 3 cm lang*
- *Bastelfarbe in Pink, Purpurrosa, Violett rötlich, Metallic-Rosa*

Trost für Pechvögel

So geht's:

Körper/Rock
1. Schneide von der 30 mm-Wattekugel eine schmale Scheibe ab. Der übrig bleibende Rest ist der Oberkörper. Schneide von der 50 mm-Wattekugel für den Übergang zum Oberkörper eine Scheibe mit dem gleichen Durchmesser, dann von dieser Stelle aus eine 1, 2 cm dicke Scheibe ab – das ist der Rock.
2. Klebe Oberkörper und Rock zusammen.

Bemalen
1. Bemale Kopf und Hände in Vanille.
2. Bemale den Körper pink und den Rock orange, tupfe auf den Rock grüne Punkte.
3. Bemale den gesunden Fuß granatrot.

Beine
1. Klebe für das Gipsbein zwei Weinkorkenstücke rechtwinklig zusammen, schneide sie rundlich zu, klebe dann kreuz und quer ein paar Stücke Satinband auf und bemale es weiß. Du kannst das Gipsbein auch aus lufttrocknender Modelliermasse formen, mit Band bekleben und anmalen.
2. Umwickle für die Krücke ein Bambusspießchen ca. 5 cm vom Ende mit feinem Draht. Spalte das Spießchen bis zur Wicklung auf. Klebe ein kleines Stück (Ø 0,8 cm) in den Spalt ein und klebe oben noch ein 2,5 cm langes Stück auf.

Fertigstellen
1. Wickle für die Haare die Wolle 50 bis 60-mal um vier gespreizte Finger, binde sie ab und schneide die Schlaufen auf. Klebe sie als Haare auf und binde sie beidseitig ab. Schneide Löcher in den Kopf und klebe die Glasaugen ein.
2. Klebe mithilfe des Hölzchens Kopf und Körper zusammen.
3. Drehe die Chenilledrähte zusammen, schneide für die Arme zweimal 4,5 cm, für das gesunde Bein 4 cm, für das Gipsbein ca. 3 cm zu. Steche Löcher für die Arme in den Körper und klebe die Arme ein. Befestige die Krücke unterhalb des Armes mit Heißkleber. Klebe die Hände ein und forme die Arme. Klebe die Beine in die Füße und das Gipsbein ein, steche unten in den Rock Löcher und fixiere die Beine.

Das brauchst du:
- 2 Wattekugeln, Ø 50 mm
- 1 Wattekugel, Ø 30 mm
- 1 Marionettenfuß, 32 x 24 mm
- 2 Marionettenhände, 10 x 18 mm
- 2 Glastieraugen in Topas, Ø 20 mm
- feine Wolle in Rostrot
- Chenilledraht in Rosa, Zitronengelb
- Bambus-Schaschlikspießchen
- Hölzchen, 3 cm lang
- 2 Weinkorken
- evtl. lufttrocknende Modelliermasse
- Satinband in Weiß, 3 mm breit
- Bastelfarbe in Vanille, Pink, Orange, Gelbgrün, Granatrot, Weiß

Vorlagen

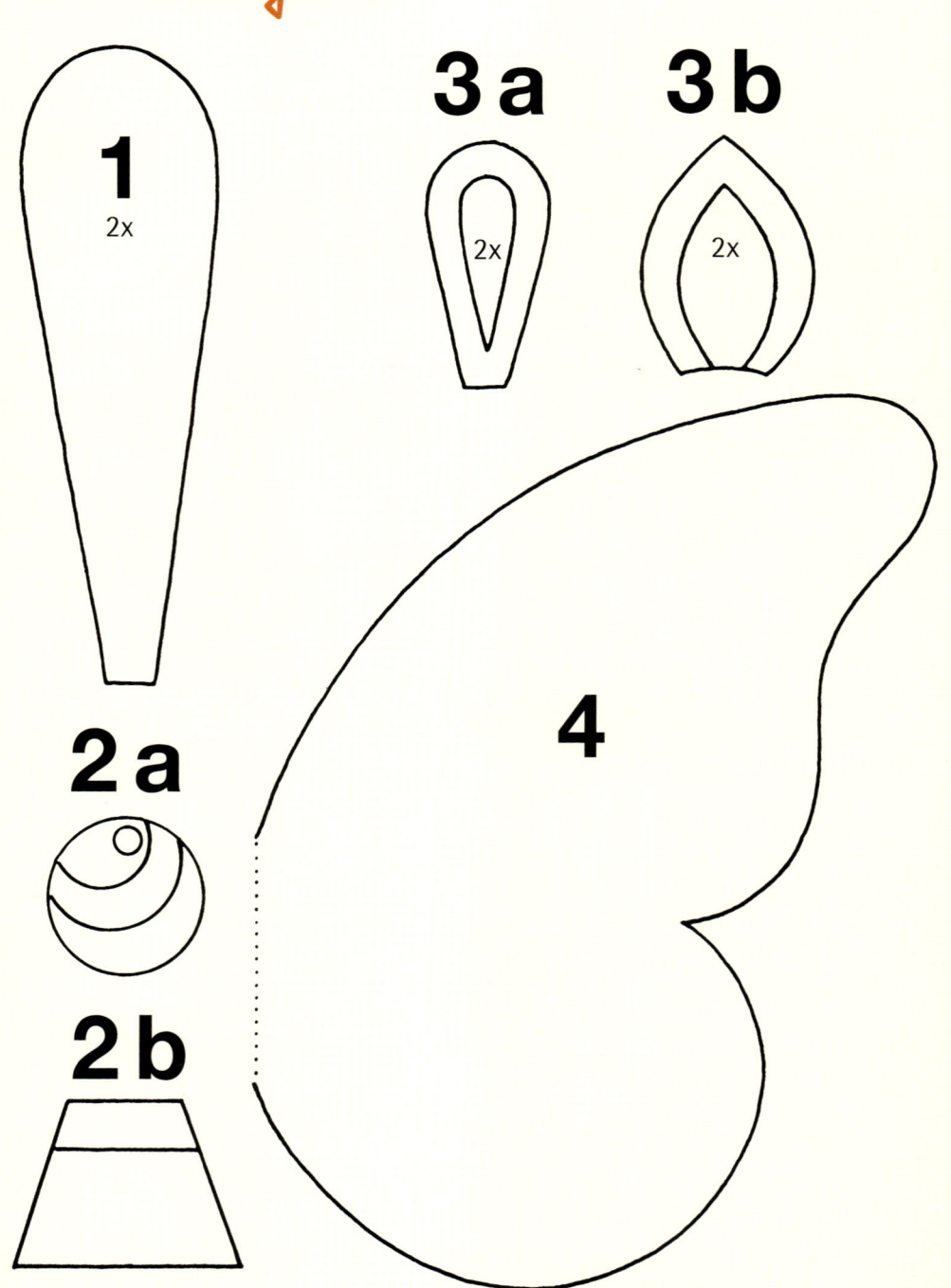

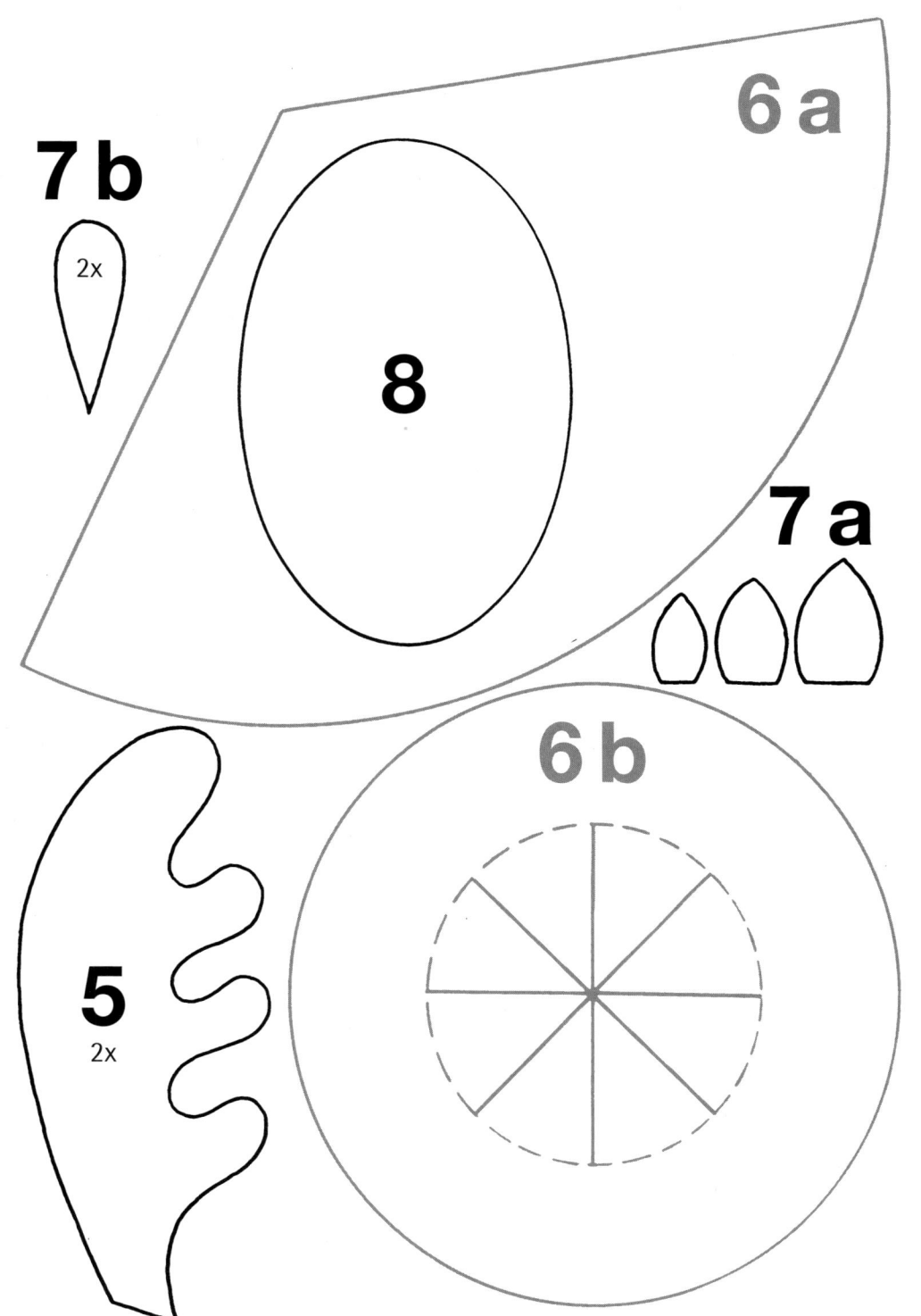

7 b

2x

6 a

8

7 a

5

2x

6 b

Impressum   Hersteller

Entwürfe und Realisation: Werner Schultze
Redaktion: Petra Hassler
Lektorat: Uta Koßmagk
Fotos: Oswald Visuelle Medien, Schwörstadt
Umschlaggestaltung: Aurélie Lambrecht
Layout und Produktion: buchkonzept@web.de
Druck und Verarbeitung: Himmer AG, Augsburg

ISBN 978-3-86673-121-9
Art.-Nr. 2121

© 2008 in der OZ-Verlags-GmbH, Rheinfelden,
Buchverlag OZ creativ, Freiburg
Alle Rechte vorbehalten

Marabuwerke, Tamm
Rayher Hobby, Laupheim
Union Knopf, Bielefeld

über Hobby- und Bastelfachhandel

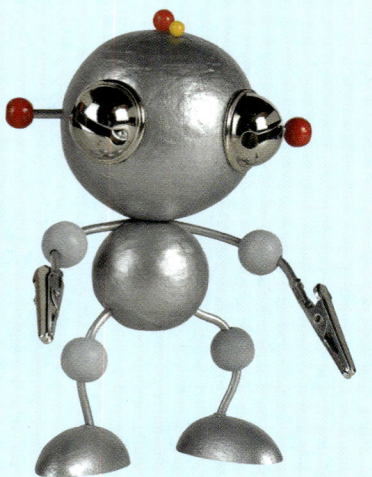

CREATIV-HOTLINE
WIR SIND FÜR SIE DA!

Brauchen Sie einen Ratschlag zum Thema Handarbeiten, Basteln oder Dekoration? Haben Sie Fragen zu einer Anleitung oder zu einer speziellen Kreativtechnik? Unsere Fachberaterinnen helfen Ihnen gerne weiter:

**Montag bis Freitag
von 10.00 bis
16.00 Uhr unter der Rufnummer:**

0 76 23 / 96 44 17

Oder schicken Sie eine Postkarte an:
OZ-Verlags-GmbH
Leser-Service, Römerstraße 90
79618 Rheinfelden